タイムパラドクスゴーストライター

TIME PARADOX GHOSTWRITER

2

Writer

Story: Kenji Ichima

Art: Tsunehiro Date

タイムパラドクスゴーストライター

TIME PARADOX GHOSTWRITER

Inhalt

2

Writer

TIME
PARADOX
GHOST
WRITER

M

Wir produzieren nachhaltig

- Klimaneutrales Produkt
- Papiere aus nachhaltigen und kontrollierten Quellen
- Hergestellt in Europa

CARLSEN MANGA

Deutsche Ausgabe/German Edition

Aus dem Japanischen von Sascha Mandler

First published in Japan in 2020 by SHUEISHA Inc., Tokyo.

German translation rights in Germany, Austria, Luxembourg and German-speaking Switzerland arranged by SHUEISHA Inc. through VME PLB SAS, France.

Redaktion: Philipp Nakata

Textbearbeitung: Nina Kroesing

Lettering: Datagrafix

Herstellung: Karen Kollmetz

ISBN: 978-3-551-79315-7

FSC www.fsc.org MIX Papier aus verantwortungsvollen Quellen FSC® C083411

Bonuskapitel
»Bis zum Irgendwann«
– Ende

8
Die Botschaft

SHORP
ZEICHNE WEITER,
»TEPPEI SASASAKI«.
DIE TODESURSACHE IST NONONOCH NICHT GEBANNT.
SETZE »WHITE KNIGHT« FORT.
RETTE »ITSUKI-CHAN«!
>>SETZE WHITE KNIGHT FORT<<...
>>RETTE ITSUKI-CHAN<<...

W... WAS...
... IST DAS?
CHNE WEITER,
» TEPPEI SASASAKI «.
DIE TODESURSACHE IST NONONOCH NI
SETZE » WHITE KNIGHT « FORT.
RETTE » ITSUKI-CHAN
SSST
» TEPPEI SASASAK
?!
TEPPEI SASASA
TEPPEI SASAS
FSSSCH
Ist das...
... Eisensand?
SST
Wa... Was ist hier los?!
I... Ist das etwa ...

... eine Botschaft...
... aus der Zukunft?
Es wurden mir immer nur die Jumps geschickt.
Warum bekomme ich jetzt diese...
K... Kannst du mich...
... dort drüben hören?
SST
...
Wer... bist du?
Hast du mir aus der Zukunft die Jump-Ausgaben geschickt?

BRRZZZ
WUSCH
Waaah!
KRACK
BRZZZ
...?!
...
WUUUSCH
!

SHORP
BRRZZZ
√144
...?
Was soll das bedeuten?
»√144«?
Ich schnall das nicht! Kann man mich auf der anderen Seite nicht hören?
Ich wünschte, ich könnte irgendwie mit dieser Person kommunizieren!
Ist das nicht möglich?
√144
SHORP
Die Botschaft vorhin...
ZEICHNE WEITER,
»TEPPEI SASASAKI«.
DIE TODESURSACHE IST NONONOCH NICHT GEBANNT.
SETZE »WHITE KNIGHT« FORT.
RETTE »ITSUKI-CHAN«!
Bedeutet das, dass auch in unserem Zeitverlauf Aino-sans Zukunft, in der sie sterben wird, noch nicht verhindert wurde?

Heißt das...
... dass die Itsuki Aino der Zukunft gestorben ist, weil sie »White Knight« gezeichnet hat?
Sollte in unserem Zeitverlauf jemand anders »White Knight« zeichnen? Kamen die Jumps deshalb zu mir?
Aber warum wurde das Problem dann noch nicht gelöst?
Was kann ich denn ausrichten, wenn ich »White Knight« weiterzeichne?
BRZZZ
WUSCH
BRZZZ
!
FSSSCH

DE DE DE MNÄCHST STARTET
»ITSUKI-CHANS« NEUE SERIE
»ANIMA«.
MACH MIT »WHITE KNIGHT« WEI WEI WEITER,
»TEPPEI SA SA SAKI«.
SETZE DICH GEGEN
»ITSUKI-CHAN« DURCH! WENN DU VERLIERST,
WIRD SIE STERBEN.
KRACK
MACH MIT »WHITE KNIGHT« WEI WEI WEITER,
»TEPPEI SA SA SAKI«.
SETZE DICH GEGEN
»ITSUKI-CHAN« DURCH! WENN DU VERLIERST,
WIRD SIE STERBEN.
BRZZ

?!!
ICH SOLL MICH GEGEN AINO-SAN »DURCHSETZEN«? UND WENN ICH VERLIERE, STIRBT SIE?!
DAS ERGIBT DOCH ALLES ÜBERHAUPT KEINEN SINN!
Warum muss ich mit »White Knight« gegen Aino-san gewinnen...
... damit sie nicht stirbt?!
Es gab doch außer mir sicherlich noch andere, die dafür geeignet gewesen wären!
Warum also ich?! Ich kann das nicht!!

WUSCH
!!
Keuch ...
Hust ...
BRZZZ
KRACK
FSSSCH
HAAAH
HAAAH
!!

SHORP
22.04.2021, 18:20 UHR,
7&12&20&31&37&41
BRZZZ
...?
Der 22. April? Das ist in drei Tagen!
7...
12...
20...
Und...
31...
37...
Und 41.
Was sind das für Zahlen?
WUSCH
FSSSCH

7&12&20&31&37&41
↑ ↑ ↑
DIEDIEDIES
SIND DIE GEWINNERZAHLEN, DIE IN DER LOTTERIE GEZOGEN WERDEN.
ICH WEISS, DASS DU SCHULDEN HAST, WEIL DU DICH STRIKT WEIGERST, DEINE »WHITE KNIGHT«-HONORARE FÜR DICH SELBST ZU VERWENDEN.
NUTZE DAS GELD FÜR DIE PRODUKTIONSKOSTEN UND SETZE DIE SERIE FORT!
!!!
Hö... Hör auf damit!
Irgendwann wird Aino-san das ganze Geld bekommen!
Die Serie hat nichts mit dir zu tun, was auch immer du beabsichtigst!
Ich allein habe sie gestartet, also ist das meine Verantwortung!
Geld ist mir total egal! Ich wollte bloß nicht...
... dass der Manga einfach aus dieser Welt verschwindet!

Aber ich kann ihn nicht fort-setzen!
Und dann soll ich damit auch noch gegen Aino-sans neuen Manga ankommen?!
Wie soll ihr das denn helfen?
Gibt es keinen anderen Weg?!
Warum ich?
Wer zum Teufel bist du über-haupt?!

KRACK

BADUMM
RIESEL
FSSCH
?!!!

Hey! Warte, ver-dammt!
Ich hab noch jede Menge Fragen!
Hey!!
SSSST

Im 45. Kapitel sagt die Hexe in der alten Burg: »Du weißt rein gar nichts!«
Itsuki Aino wollte die Geschichte bestimmt so weitererzählen, dass sich im nächsten Kapitel herausstellt, dass Kazuma schon längst wusste, wer der Geist wirklich ist.
KRITZEL
Nein, es war bisher nie so, dass die Leserschaft vor neue Tatsachen gestellt wurde, mit denen sich der Held locker aus der Klemme befreien kann.
Vielleicht wollte Itsuki Aino für diese Geschichte keine bequemen Lösungen.
KRITZEL
Wie wäre es, wenn Kazuma nicht weiß, wer hinter dem Geist steckt, aber es in der Geschichte bereits Hinweise gibt und Kazuma von allein darauf kommt?
Der einzige Charakter, der die wahre Identität des Geistes kennen könnte, ist Kazumas Meister.
Ja... In der Rückblende auf Seite 12 vom 18. Kapitel sagt der Meister: »Ich bin kein Held. Ich bin bloß ein Taugenichts!« Das deutet schon an, was noch passieren wird!
KRITZEL KRITZEL KRITZEL KRITZEL KRITZEL
Genauso ist es. Itsuki Aino würde...

SIE WÜRDE DOCH...
PLITSCH

Hair pin①
SUPERMARK
NUR AM
WOCHENENDE!
RIESENRABATTE!
RABATT AUF EIS
HEUTE VIELE SONDERANGEBOTE
SONDERVERKAUF

Danke, dass du dir Zeit genommen hast! Damit wären wir mit unserer Besprechung zum Anime fertig.
Kommen wir jetzt zum neuen Entwurf fürs nächste Kapitel!
Ich hatte bisher nie irgendwas auszusetzen, Sasaki-kun.
Es gibt wirklich kaum Mangaka, die von Beginn an perfekte Entwürfe erstellen!
Und es ist ja nicht so, als würde ich das nicht ernst nehmen! Ich schau mir alles mit einem total strengen Auge an, aber es ist einfach jedes Mal perfekt!
Das ist echt klasse, aber als Redakteur...
... komme ich mir da schon ein bisschen blöd vor!
...
Äh... Sag mal...
Kapitel 9

Ist alles okay, Sasaki-kun?
9
Die Fortsetzung aus dem Nichts

KRAM

Ja, alles gut.
Hier sind die neuen Entwürfe.
FLAPP
Hää?!
Du hast schon so viel gezeichnet?!
DAS IST UNVERZEIHLICH!!
Wow!! Dieser Kampf gegen den »Raum-Zeit-Gehenkten«! Das gefällt mir bisher am besten!
Und ganz besonders, wie sich die Story im 45. Kapitel weiterentwickelt! Da geht's ja so richtig ab! Ich hätte nicht gedacht, dass sein Gegner erwachen würde!
Also können wir bald sehen, was für eine neue Fähigkeit er hat?!
Ja. Ich habe noch...
KRAM

Das Kapitel, das folgt... Kapitel 46...
... das hier.
»WHITE KNIGHT« KAPITEL 46: »DIE BESCHLEUNIGUNG«
Das 45. Kapitel ist das letzte von Itsuki Aino und es heißt...
... »Das Erwachen«.
Der Kampf gegen den »Raum-Zeit-Gehenkten«, der plötzlich auftauchte und die königliche Hauptstadt zerstörte, geht weiter.
Der Held Kazuma wird bis an den Rand des Todes getrieben, doch im letzten Moment erwacht in ihm eine neue Kraft und er versetzt dem Gegner einen tödlichen Schlag.
Aber auch sein Widersacher erlangt eine neue Fähigkeit...

Es ist ein Kampf gegen einen mächtigen Gegner, der ganz anders ist als die Geister, die zuvor besiegt wurden.
ITSUKI AINO
Mit dem 45. Kapitel, dem bisherigen Höhepunkt der Serie, endete »White Knight«.
Das 46. Kapitel, das Muneoka-san gerade liest...
... stammt komplett von mir.
Ich habe mein Bestes getan, die Story zu analysieren und einzuschätzen, wie sie weitergehen könnte.
Wie richtig lag ich?
Okay...
TAPP
TAPP

Ähm...
Wie soll ich sagen...
...
Es wäre vielleicht besser, dieses Kapitel zu überarbei-ten...
... denke ich.
!
RATTER
W... Was stimmt denn damit nicht?!
Na ja... Der Entwurf ist eigentlich vollkommen in Ordnung. Er würde so durch-kommen...
... aber irgend-wie... fehlt das gewisse Etwas, das »White Knight« ausmacht!

Es wirkt so, als wäre da nicht der gewohnte Pepp, der immer bei Weitem das übertrifft...
... was man vor dem Lesen erwartet.
So, heute habe ich ganz schön viel gesagt!
Mach ein bisschen Pause und zeichne dann noch mal neu!
Bis zum 45. Kapitel ist alles perfekt und du hast noch massig Zeit!
Es ist toll, wie viel Mühe du dir gibst, aber vielleicht arbeitest du in letzter Zeit zu hart!
Jeder hat mal ein Tief!
Du packst das, Sasaki-kun!
Tut mir leid. Danke für die Ratschläge.

Also war es doch nicht gut genug.
Ich habe alle Kapitel von »White Knight« noch einmal gelesen...
... um einzuschätzen, wie die Story weitergeht, und um die Charaktere besser zu verstehen.
Er hat nicht gesagt, dass die Charaktere anders als sonst wirken, oder, noch schlimmer ...
... gefragt, ob ich das wirklich gezeichnet habe.
Aber ich bin weit von der Qualität entfernt, die die Itsuki Aino aus der Zukunft liefert.
Natürlich bin ich das.
Aber ich kann so nicht weitermachen!

Ruhe in Frieden
Liebe Leserinnen und Leser,
Itsuki Aino, deren Serie »White Knight« wir im Hauptmagazin veröffentlichten, ist am 06.04.2031 von uns gegangen.
möchten hiermit unsere tiefste Dankbarkeit an ihre die sie treu unterstützt haben. Zudem möchten allerherzlichste Anteilnahme aussprechen.
Itsuki Ainos Serie »White Knight« endete mit Ausgabe 19 unseres Magazins.
Ihre Familie wird entscheiden, ob weitere Taschenbücher veröffentlicht werden sollen. Neuigkeiten dazu werden wir im Magazin bekannt geben.
Wir wunschen Itsuki Aino von Herzen Ruhe und Frieden.
Wenn ich so weiter-mache, dann…
DE DE DE MNÄCHST STARTET »ITSUKI-CHANS« NEUE SERIE »ANIMA«. MACH MIT »WHITE KNIGHT« WEI WEI WEITE »TEPPEI SA SA SAKI«. SETZE DICH GEGEN »ITSUKI-CHAN« DURCH! WENN DU VERLIE WIRD SIE STERBEN.
SHORT
Wenn ich mich nicht gegen Aino-sans neue Serie durchsetzen kann, wird sie sterben.
Ich verstehe diese Prophezeiung nicht!
War das überhaupt eine Nachricht aus der Zukunft?
ZUCK
Und diese Lottozahlen... Ich hab natürlich kein Los gekauft.
22.04.2021, 18:20 UHR,
7&12&20&31&37&41
Aber die Zahlen der letzten Ziehung müssten schon online sein. Wenn ich die Lottozahlen nachsehe, weiß ich bestimmt mehr.
Stimmt, die Zahlen lauten 7, 12, 20, 31...
18:31
Lotterieergebnisse
suchen
Die Lotterieergebnisse offizielle Seite
Wie man sein Lotto-Ergebnis erfährt
Die neuesten Zahlen der Lotterie
... und was noch?
KLICK
KLICK

!!
Shop
Kalender
Ergebnisse
Login
Die Lotterieergebnisse
Ziehung vom 22.04.2021
7 12 20 31 37 41
Gewinnstufe
Anzahl
Gewinne
1 1X 200.000.000 YEN
2 2X 7.666.100 YEN
3 3X 236.200 YEN
4 4X 5.200 YEN
5 5X 1.000 YEN
Übertrag in die nächste Ausspielung: 0 Yen
Die Zahlen stimmen!
Das war eine Botschaft aus der Zukunft. Daran besteht kein Zweifel.
DE DE DE MNÄCHST STARTET »ITSUKI-CHANS« NEUE SERIE »ANIMA«. MACH MIT »WHITE KNIGHT« WEI WEI WEIT »TEPPEI SA SA SAKI«, SETZE DICH GEGEN »ITSUKI-CHAN« DURCH! WENN DU VERLIERST, WIRD SIE STERBEN.
Also muss die Prophezeiung ja auch...
Aber warum?! Wie kommt es zu diesem Schicksal?
Scheiße... Ich hab keine andere Wahl...

ZUCK
Was ist los, Sasaki-sensei?
Äh... Gar nichts!
Hast du eine Frage, Aino-san?
Das hier hab ich gezeichnet. Fällt dir daran irgendwas Komisches auf?
Äh... Mal sehen...
Es gibt nicht nur in der Horizontalen eine Perspektive, sondern auch in der Vertikalen.
Wenn du dich an diesem Fluchtpunkt orientierst und hier eine Linie ziehst...
... erhältst du einen Hintergrund, der besser zur Figur passt.
Hmmm...
KRITZEL
Aah! Verstehe!
Vielen Dank!

Du bist wirklich ein toller Mangaka!
Jepp!
Sasaki-kun hat Talent, aber auch jede Menge Know-how!
A... Ach! So toll bin ich nicht...
Ich hab viel über das Zeichnen gelernt, als ich noch Assistent war.
Bei wem warst du denn Assistent?
Oh, hab ich euch das nie erzählt? Bei Nanashino-sensei!
Waaaas?!
Nanashi-no-sensei?! Du meinst »Vitamin-Man«-Nanashino?!
WEEKLY JUMP
KAMPF UM DIE GESUNDHEIT!
Nanashino-senseis Stil ist doch total anders als deiner!

»Vita-min-Man«
BAMM
BAMM
BAMM
Dies ist die Kraft der Vita-mine!
In diesem Action-Comedy-Manga beherrscht ein böser Regent alle Nahrungsmittel und der Held kämpft für die Freiheit der Menschheit.
Vita! Vita Vita! Vita!
DOMM
Trotz des durchgeknallten Stils ist es ein beliebter Manga, der schon seit mehr als zehn Jahren läuft.
»Gonbee Nanashino« ist ein echt cooler Name!
Ob Nana-shino-sensei auch so verrückt ist wie der Manga?
J... Ja, denke schon. Nanashino-sensei würde auch einfach einen Typen auf der Straße zu Boden werfen, wenn es Stress mit ihm gibt!
WAMM
Im Ernst?!
Schönen Feierabend, Leute!
Dir auch!
FLAPP
!
Ah, Aino-san! Du hast was fallen lassen!
Hm?

ANIMA
COVER
DE DE DE MNÄCHST STARTET
»ITSUKI-CHANS« NEUE SERIE
»ANIMA«.
MACH MIT »WHITE KNIGHT« WEI WEI WEITER
»TEPPEI SA SA SAKI«.
SETZE DICH GEGEN
STECH
Aaah! Nicht reinschauen, das ist mir peinlich!
Das sind nur ein paar Ideen!
Oh, okay! Sorry.
Liest du den Entwurf, wenn er fertig ist?
K... Klar!
Ich... freu mich schon.

Das ergibt alles keinen Sinn, aber ich habe keine andere Wahl.
Noch sieben Wochen bis zur Deadline für das 46. Kapitel...
Aber die Zeit reicht trotzdem nicht, wenn ich danach noch wei-terzeichnen muss und keine Ideen habe!
Ich muss mir schnell was einfallen lassen.
GIB EINFACH AUF!

Kein normaler Mensch kann dieses Genie ersetzen...
... geschweige denn übertreffen. Das ist unmöglich!
Sei still.
Es war ein Fehler, dein Plagiat fortzusetzen.
Wenn du damals die Zeitmaschine zerstört hättest...
... hättest du diesem Wahnsinn entkommen können!
Ja, vielleicht. Aber ich konnte nicht zulassen, dass dieser Welt »White Knight« entgeht.
Und eine Zukunft, in der Aino-san stirbt, kann ich auch nicht hinnehmen. Also werde ich alles dafür tun, um diese Zukunft zu verhindern!
Du willst dieser Prophezeiung glauben und das Leben eines anderen beeinflussen?
Willst du Gott spielen?

Halt die Klappe!!
...
Zeichnen... Einfach weiterzeichnen...
Ich muss unbedingt...
... Aino-san...

Ein halbes Jahr später
Vielen Dank für alles!
Wie prophezeit, hat Aino-san die Chance bekommen, dass ihr Manga »Anima« als Serie veröffentlicht wird.
Angenommen, ich hätte verhindert, dass ihre Serie an den Start geht...
... wäre Aino-san dann vielleicht ihrer Zukunft entkommen, in der sie sterben wird?
Der Gedanke kam mir zwar auch vorher...
... aber in der Prophezeiung hieß es, ich müsse mit »White Knight« gegen sie gewinnen...
Also werde ich...

Endlich geht unser Wettkampf los!
Ich werde nicht verlieren!
Ich muss einfach nur gewinnen, mehr nicht...
Okay...
Ich werde auch nicht verlieren. Auf keinen Fall!
Ich werde mich durchsetzen...
... und die Zukunft verändern!

Hair pin ②

!!
SMILEY-HAARCLIPS ZUM SAMMELN
2 IN JEDER PACKUNG!
IN 5 VERSCHIEDENEN FARBEN + 1 ÜBERRASCHUNGSFARBE!

10
Itsuki Aino
Ich kann mich nicht genau an die Zeit erinnern, als ich ihn das erste Mal traf...
... aber dieser seltsame alte Herr schien alle Ausgaben der Jump zu besitzen.
UNSER PARK SOLL S
* BEIM SPIELEN BITTE AU
* BLUMEN UND BÄUME IN
* KEINE BALLSPIELE!
* KEINE HUNDE!
Aus irgendeinem Grund schaute er sich jeden Tag in diesem leeren Park nach Interessenten um.
Neben ihm zu sitzen schien damals...
... meine einzige Freude zu sein.

Magst du den Manga?
Ja!
Ich liebe ihn!
Hehehe! Ach ja?
Vielen Dank!
?
Der alte Herr erzählte mir...
... dass er früher Mangaka war.

Eines Tages sagte ich...
Ich werde auch Mangaka!
Ich will tolle Manga zeichnen und auf der ganzen Welt allen eine Freude machen!
Und dann...
... wird mich bestimmt jeder...
Er starrte mich einfach nur an...
... als hätte er ganz plötzlich eine große Eingebung gehabt. Und dann, nachdem er mich so erstaunt angesehen hatte, erwiderte er...
Ich wollte auch einen Manga zeich-nen, mit dem wirklich jeder Mensch...
... seinen Spaß haben würde.
Aber es wurde nie was daraus.

Trotzdem hatte ich ein glückliches Leben.
Zeichne einfach das...
... was dir Freude macht!
Ich erinnere mich noch genau an den Tag des Abschieds.
Liebe Itsuki-chan!
Auch ich möchte nun neue Wege beschreiten, daher schenke ich dir meine ganze Sammlung. Dieses Spielzeug bedeutete mir immer sehr viel. Jetzt soll es dir Glück bringen! Pass also gut darauf auf!

Fertig...
Damit wird be-stimmt...
... jeder...
...
Nein. Keine Kompro-misse!
Das muss...
... noch viel besser sein!

Da steckt zu viel Persönlichkeit von mir drin.
Persönlichkeit ist wichtig und macht einen Manga interessant...
... aber so können auch leicht die eigenen Schwächen mit einfließen.
Kurz gesagt: Je mehr Persönlichkeit...
... desto tiefer kann der Manga die Leserschaft spalten.
Wenn ich den ultimativen Manga schaffen will, den wirklich jeder genießen kann...
... darf er keine Eigenarten besitzen, sondern muss der interessanteste Manga der Welt sein.
Ja, so ist es.
Ich muss mich unsichtbar machen...
Meine Präsenz unterdrücken...

WHITE KNIGHT
TEPPEI SASAKI
Was macht denn mein »White Knight« in der Jump?
Hat sich etwa jemand in mein Zimmer geschlichen, während ich geschlafen habe?
Nein.
Das kann nicht sein.
Das ist wie mein »White Knight«, aber als hätte man ihn tausendmal besser umgesetzt.
Es fühlt sich an, als wäre der Manga die Antwort, die ich schon lange gesucht habe.
WEEKLY JUMP
Als hätte sich jemand das Ziel gesetzt, den ultimativen Shonen-Manga zu zeichnen.
Ein perfektes Meisterwerk.
Mein Ideal!

Ich verliere fast den Mut, wenn ich ihn mir ansehe.
Mein »White Knight« ist die schlechtere Version. Wie soll ich das überbieten?
Aber...
Der Manga hat denselben Titel und ein ähnliches Setting. Was, wenn das kein bloßer Zufall ist?
Angenommen, wir beide sind uns ähnlich und haben dieselbe Vision...
TEPPEI SASAKI
... dann könnte ich doch auch so was zeichnen!
Ich muss es herausfinden!

2020年 7月 6
9月 14
2020年 11月 30
2021年 1月 1
2021年 3月 29

Herzlichen Glückwunsch! »Anima« wird als Serie erscheinen!
Ich hab's geschafft!
Ich werde »White Knight« übertreffen!
Ich werde einen Manga zeichnen, den alle lieben!
Dein Manga ist auf Platz 1 in der Leserumfrage!
Muneoka
Mehr!
Noch mehr!

Mann, das ist echt mega!
Er ist schon 30 Wochen lang auf Platz 1!
Danke.
Aino-san...
Schläfst und isst du auch genug?
Keine Sorge.
In letzter Zeit hab ich deine Assistenten gar nicht mehr gesehen.
Ich zeichne jetzt alles allein.
So kann ich besser arbeiten.
Äh... W... Wie bitte?!
So bekommst du doch einen Burn-out!

Ich werde meine Deadlines schon einhalten...
... und Ihnen keinerlei Probleme bereiten.
Ähm... Aber...
Tut mir leid, aber von nun an schicke ich die fertigen Seiten per Post.
Ich will so viel Zeit wie möglich fürs Zeichnen haben, also lassen Sie uns alles per Mail besprechen.
W... Was ist denn los mit dir, Aino-san?
Du bist so komisch...
Ich will einfach nur ein möglichst gutes Produkt abliefern.
Was ist denn daran falsch?

Ich hatte mit meiner Schlussfolgerung...
... recht.
Ich kann...
... den perfekten Manga zeichnen.
Einen Manga, an dem sich die ganze Menschheit erfreuen kann.
Und dann werde ich...
Dann werde ich...

Moment... Warum zeichne ich diesen Manga?

Ach, ist eigentlich auch...
... egal.

緑丘公園
Oh! Ist das hier dein Platz?
Ich stehe sofort auf!
N... Nein, nein!
Kein Pro-blem.
Ich hab sowieso keinen Platz...
... in dieser Welt..

Magst du Manga?
Ich hab noch nie einen gelesen.
Mein Papa sagt, ich darf das nicht.
Manche sagen, Manga seien nichts als alberne Ge-schichten...
... aber es gibt da draußen auch Menschen, die diese albernen Geschichten brauchen!
So war ich auch mal.
Du brauchst sie bestimmt auch!

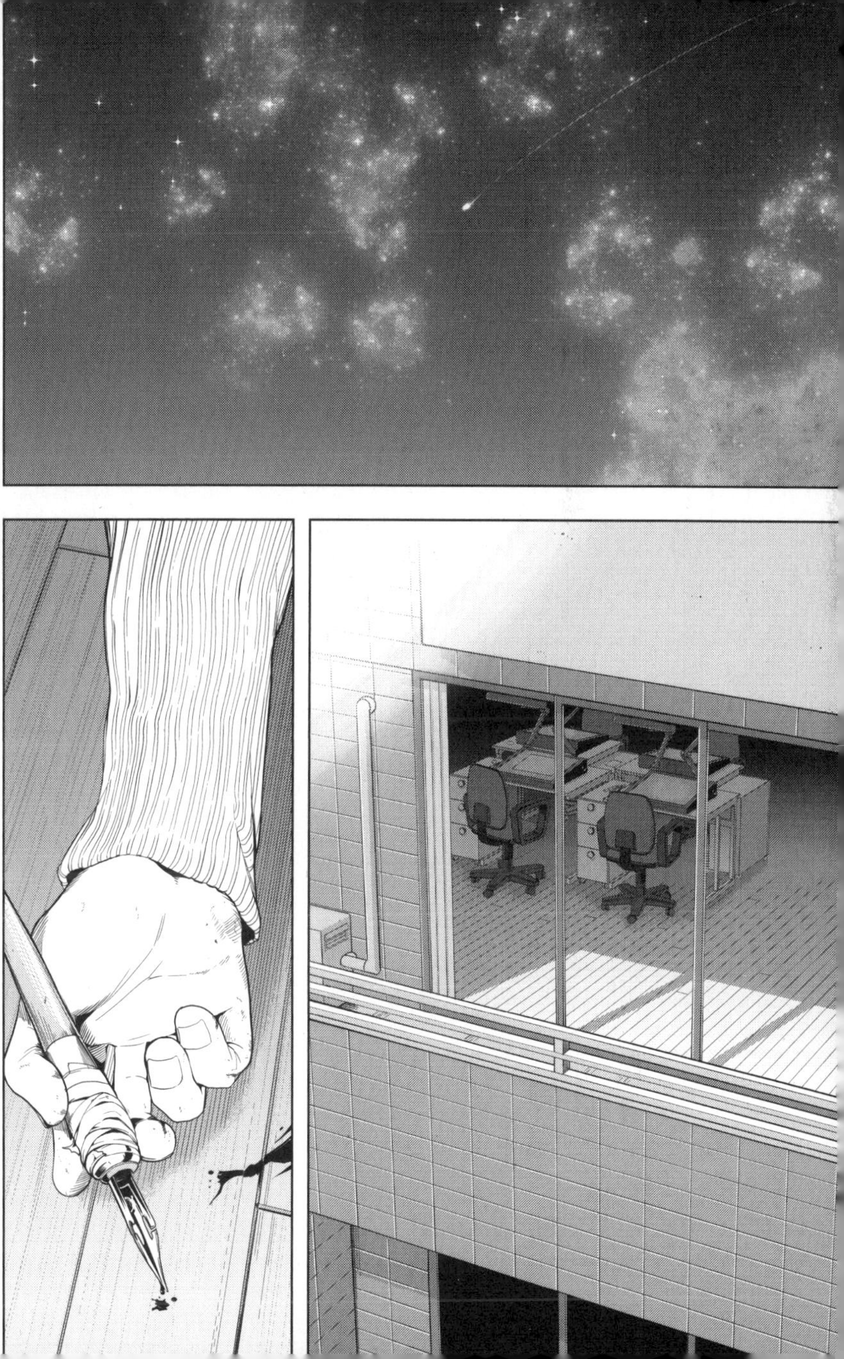

Hairpin ③
Die sehen sich ähnlich!

Endlich geht unser Wett-kampf los!
Ich werde nicht ver-lieren!
11 Sieg oder Niederlage
MACH MIT »WHITE KNIGHT« WEI WEI WEITER, »TEPPEI SASASAKI«. SETZE DICH GEGEN »ITSUKI-CHAN« DURCH! WENN DU VERLIERST, WIRD SIE STERBEN.
Okay…
Ich werde auch nicht verlieren. Auf keinen Fall!

Das letzte Kapitel, das von der Itsuki Aino der Zukunft stammt...
KAPITEL 45: DAS ERWACHEN
WHITE KNIGHT
ITSUKI AINO
... ist das 45.
Ich hörte auf die Prophezeiung und setzte den Manga fort...
Ich schrieb die Story selbstständig weiter, ohne eine Vorlage zu haben.
Bis zum 45. Kapitel gab es noch einigen Hype...
KAPITEL 45: PLATZ 1
KAPITEL 46: PLATZ 2
KAPITEL 47: PLATZ 2
KAPITEL 48: PLATZ 3
... und zunächst kam es zu keinem großen Absturz im Ranking.
Aber Kapitel für Kapitel verschlechterten sich die Umfrageergebnisse...

Zwei Monate später...
... startete Itsuki Ainos neue Serie...
... »Anima«.

Und die neuen Umfrage-ergebnisse lauteten...

»Anima« mit 2.184 Stimmen auf Platz 1...
... und »White Knight« mit 1.736 Stimmen auf Platz 2.
Ich kam nicht gegen sie an.
Ich konnte die Zukunft, in der sie sterben wird...
... nicht verändern...

Nein! Es ist noch nicht zu spät!
Ich hab doch nur gegen ihr erstes Kapitel versagt!
GRAPP
KRRTSCH
Das allein wird doch nicht ihren Tod in Stein gemeißelt haben!
Nicht aufgeben!
Ich kann immer noch gewinnen!
Mit den nächsten Kapiteln!

Ich werde die Zukunft verändern...
... koste es, was es wolle!!!

Wow! Super Entwurf!
Die letzten Kapitel ab Nummer 46 waren ein bisschen...
... na ja... Aber sie sind besser geworden, nachdem du sie überarbeitet hattest.
Und dieser Entwurf hier...
... ist auf Anhieb viel besser als die anderen!
Damit könntest du nach langer Zeit wieder auf Platz 1 kommen...
... und vielleicht sogar »Anima« schlagen!

Wie geht es Aino-san momentan?
Ist alles in Ordnung?
I...
Ich will ehrlich sein.
Sie scheint jetzt alles allein zu zeichnen.
Was?!
Und sie trifft sich nicht mehr mit mir.
Es gibt also keine Meetings mehr!
Sie geht auch nicht mehr ans Telefon.
Wenn sie fertig ist, schickt sie mir einfach alles per Post zu.
I... Ist bei ihr alles okay?!

Ja. Sie hält ihre Deadlines ein und meinte, dass sie sich bloß auf ihre Arbeit konzentrieren will.
Ich hab mir Sorgen gemacht und sie angerufen...
... und dann hat sie um einen neuen Redakteur gebeten.
...
Na ja... Ich habe Aino-san nicht vertraut...
... und mir zu viele Gedanken gemacht. Es ist meine Schuld.
Aber ich mache mir immer noch Sorgen.
...

Wird Aino-san sterben, weil sie sich zu sehr reinhängt und sich überarbeitet?!
Nein, das kann nicht sein. Wenn das die Todesursache sein soll, verstehe ich nicht, warum ich mich gegen sie durchsetzen muss!
Hi, Sasaki-sensei?
Äh... Aino-san...
KRITZEL
KRITZEL
KRITZEL
Was ist los? Gibt's irgend-was?
GRAPP
Ähm...
Alles okay bei dir?
Ich meine... gesundheitlich und so...
...

Hahaha! Was ist denn das für 'ne Frage?
Ja, mir geht's super!
Äh...
Ähm... Na... dann ist ja alles gut.
Ich hab gehört, dass du momentan allein arbeitest...
... und dich nicht mehr mit Muneoka-san triffst.
Ach, weißt du, alleine kann ich viel effizienter arbeiten.
Und die Meetings brauche ich nicht. Meine Entwürfe werden sowieso jedes Mal sofort abgenickt.
A... Aha...
Aber hoffentlich übernimmst du dich nicht!

Ohooo! Sag bloß, du versuchst mich hier weichzuklopfen...
... weil du in den Umfragen gegen mich absackst?
Waaas?! Nein!
Ich mach mir nur Sorgen!
Hehe! Schon gut! Ich mach nur Spaß.
Danke, dass du dir Gedanken machst.
Geben wir unser Bestes!
Äh... Ja. Okay!
Das war die Ainso-san, wie ich sie sonst auch kenne.
Aber wenn Aino-san wirklich an Überarbeitung sterben wird..!
... weiß ich einfach nicht, wie mein Sieg gegen sie das verhindern könnte.

Mir bleibt wohl nichts anderes übrig...
... als die bestmögliche Version von »White Knight« zu zeichnen!
Ich muss einfach weiterzeichnen und siegen.
Das ist alles!
TIPP

15:00
Anruf von
Muneoka

Anruf von
Muneoka

Hey!
Willst du mich verarschen?
Was soll das alles?!
Warum hast du mir nicht gleich gesagt...
... dass Aino-san an Überarbeitung sterben wird?!
Wenn du mir das mitgeteilt hättest...
... hätte sich doch irgendein Weg finden können, das zu verhindern!

Warum hast du daraus so eine Prophezeiung gemacht und nur gesagt, dass ich mit »White Knight« gegen sie gewinnen soll?!
Das ergibt doch alles keinen Sinn!!
Was wolltest du damit erreichen?!
...
BRZZZ

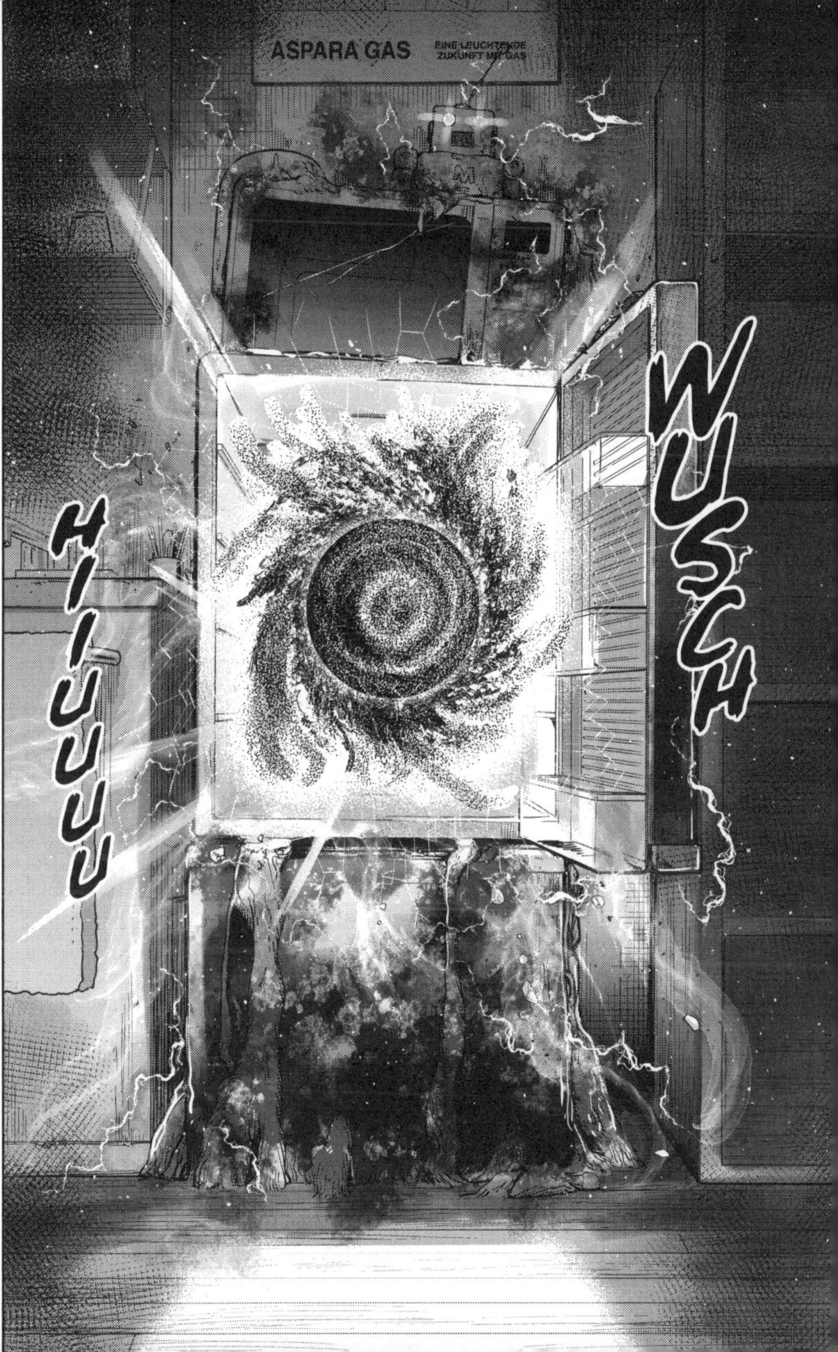
ASPARA GAS
WUSCH
HIUUUU

BATAMM

Hair pin fin
zahnpasta

12 Eine unvollendete Welt

...?
Wo bin ich hier?
Was zum Teufel?!
Du bist hier in einem Spalt von Raum und Zeit.
Man könnte auch sagen: auf einer leeren Seite dieser Geschichte.
...?
...
Äh...
Ach ja.
Ich bin hier, um dir meine Meinung zu geigen!

Warum hast du mir nicht einfach gesagt...
... dass Aino-san sich totarbeiten wird?!
Wenn ich das gewusst hätte, hätte ich irgendwas dagegen tun können!!
MIRA
Ich habe das schon versucht. Viele Male.
Hä?
Ich habe alles Mögliche getan, um ihr zu helfen, sie ins Krankenhaus oder zu einer Beratungsstelle geschickt.
Am Ende habe ich sogar versucht, sie an einen Ort zu bringen, an dem sie unmöglich hätte Manga zeichnen können.
Aber ich konnte ihren Tod nicht verhindern.

Aber ich konnte es nicht auf-halten.
Sie verfolgte ihren Traum...
... und war besessen von ihrem Wunsch, mit ihrem Manga...
... allen Menschen eine Freude zu machen.
Wenn jemand einen Traum hat und ihn verfolgt, kann man diese Flamme der Leidenschaft nicht einfach löschen!
Niemand kann einem die Freiheit des Herzens nehmen!

Ihr Traum ist die Ursache ihres Todes.
Egal in welchem Zeitverlauf, egal in welcher Welt sie auch sein mag, sie wird ihren Traum so lange verfolgen, bis sie daran zugrunde geht.
Um sie zu retten, bleibt also nur...
... die Zerstörung ihres Traums.
ink
Die Zerstörung ihres Traums?
Ja!
So kann man es zusammenfassen.
Teppei Sasaki!
Du warst der Widersacher, den ich auserkoren hatte, um Itsuki Ainos Traum zu zerstören...
... aber auch der Held, der sie retten sollte.
MIRAI

Mein ursprünglicher Plan war, dass du ihr Manuskript, an dem sie so hart gearbeitet hatte und das zu dem Meisterwerk »White Knight« werden sollte...
... an ihrer Stelle in deine Welt bringst und sie so zur Aufgabe ihres Traums bewegst.
Aber mein Plan schlug fehl.
Sie hat an ihrem Traum festgehalten!
Also bin ich zu einem neuen Plan übergegangen.
Ich musste dir von ihrem kommenden Tod berichten und dich dazu bringen, »White Knight« fortzusetzen.
Ich wollte, dass du dich gegen ihren Manga »Anima« durchsetzt und »White Knight« zum allergrößten Meisterwerk der Welt machst.
Damit sollte sie begreifen, dass sie gegen dich nicht ankommt, und aufgeben!

Okay, verstehe.
Aber warum hast du mir das nicht einfach gleich gesagt?
Wenn ich dir wirklich alles erzählt hätte, hätte ich dich nur unnötig verwirrt.
Und womöglich hättest du gedacht, es sei besser, seinen Traum zu verfolgen und zu sterben...
... als mit einem zerstörten Traum weiterzuleben.
Es ist meine Aufgabe, Itsuki Aino um jeden Preis zu beschützen!
Ich will, dass sie lebt, selbst wenn sich ihre Träume zerschlagen. Das nennt man Elternliebe.
»Elternliebe«?
Ähm... Vergiss das einfach.
Jedenfalls hat mein Plan nicht funktioniert.
Sie wurde mit einem gigantischen Talent gesegnet und hat einen größeren Eifer als alle anderen.
Aber warum hast du gerade mich ausgewählt?

Sind wir jetzt in meinem alten Zuhause?
Im Zeitverlauf, in dem kein Blitz in deine Wohnung eingeschlagen hat...
... hast du einen normalen Beruf angefangen. Trotzdem hast du nicht aufgehört, Manga zu zeichnen.
Und acht Jahre später...
... wurde dein One-Shot-Manga im Shonen-Jump-Hauptmagazin veröffentlicht.
Nachdem Itsuki Aino ihn gelesen hatte...
... überwand sie ihr Tief. Sie beschloss, ihren Entwurf von »White Knight«, an dem sie so lange gearbeitet hatte, endlich einzureichen.
Du hast sie nicht ernst genommen, aber es ist, wie sie gesagt hat...
Ihr seid euch im Kern wirklich ähnlich!

Du warst also für »White Knight«...
... die beste Wahl.
Aber es ist alles schiefgelaufen.
Und ich habe nur noch wenig Energie in meiner Batterie!
Ich werde die Zeit zurückdrehen bis fünf Tage vor Itsuki Ainos Tod...
Und dann werde ich die Zeit anhalten.
Die Zeit...
... anhalten?
Ja. Falls sie sowieso sterben soll...
... will ich wenigstens...
... eine Welt erschaffen, in der sie ewig weiterleben kann.

Nein!!
Das wäre doch genau so, als würde sie sterben!
Nein. Wenn diese Geschichte damit endet, dass sie stirbt...
... dann soll sie lieber mit dem Kapitel, bevor es zur Katastrophe kommt, unvollendet bleiben.
Ja, das ist vielleicht kein gutes Ende...
... aber auch kein schlechtes.
MIRAI
Warum hast du mich hergeholt...
... um mir all das zu sagen?
Ich habe kein menschliches Herz, sondern nur den Auftrag, Itsuki Aino zu beschützen.
Teppei Sasaki!
Ich habe dir eine große Last aufgebürdet.
Ich möchte dir die Möglichkeit geben, den Ausgang...
... deiner eigenen Geschichte selbst zu bestimmen.

Deine erste Option ist...
... zurückzukehren und in einer Welt ohne Itsuki Aino zu leben.
In der zweiten Option...
... werden all deine Erinnerungen an diese Sache gelöscht und du kehrst in einen Zeitverlauf zurück, in dem der Blitz nie in deine Wohnung eingeschlagen hat. Du wirst Itsuki Aino niemals begegnen.
Du hast die Wahl!
...
Wie wäre es...
... mit dieser Option?

Aha... Unmöglich wäre das nicht...
Allerdings habe ich es nie ausprobiert!
Ich weiß nicht, wie gut es mit meinen Kräften funktionieren würde. Es birgt einige Risiken.
Wenn es fehlschlägt...
... könntest du sofort sterben.
Und selbst wenn wir Erfolg hätten...
... könntest du dabei deinen Verstand verlieren!

Vertrau mir!
Du hast doch an mich geglaubt, als du mich ausgewählt hast!
Also kannst du mir noch mal dein Vertrauen schenken!
Ich habe dich nicht ausgewählt, weil ich dir vertraut habe.
Ich habe bloß aus meinen begrenzten Möglichkeiten...
... die vielversprechendste genommen.
Was ist jetzt?
Gut, ich zähle auf dich!
Danke!
Also Option drei.
MIRAI
Kannst du mir noch sagen...
... wer du überhaupt bist?

Ich bin ein Geist, der der Vorstellungskraft eines Menschen entsprungen ist.
...
Und... das heißt?
Das heißt, dass ich lediglich eine für die Geschichte notwendige Figur bin...
... die sich ein Autor ausgedacht hat.
MIRAI
...?
Tut mir leid, aber mir fehlt die Zeit...
... das im Detail zu erklären.
Ähm... Schon okay.
Ich weiß alles, was ich wissen muss.
Und das wäre?

Dass du auch Aino-san retten willst!
Also... Danke!
Ich werde aus dir nicht schlau.
Du weißt nicht einmal, was dir passieren wird, und nimmst das hier trotzdem auf dich.
Ich...
... danke dir...

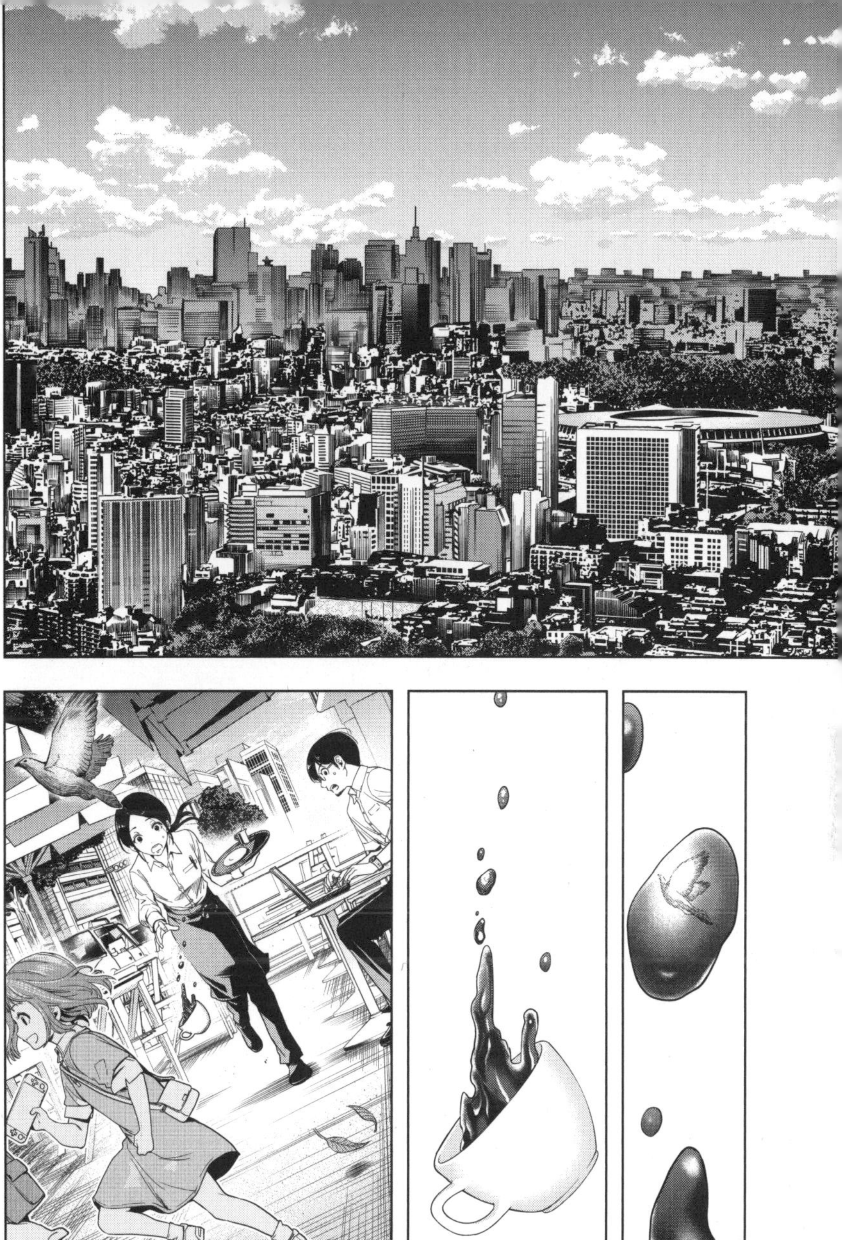

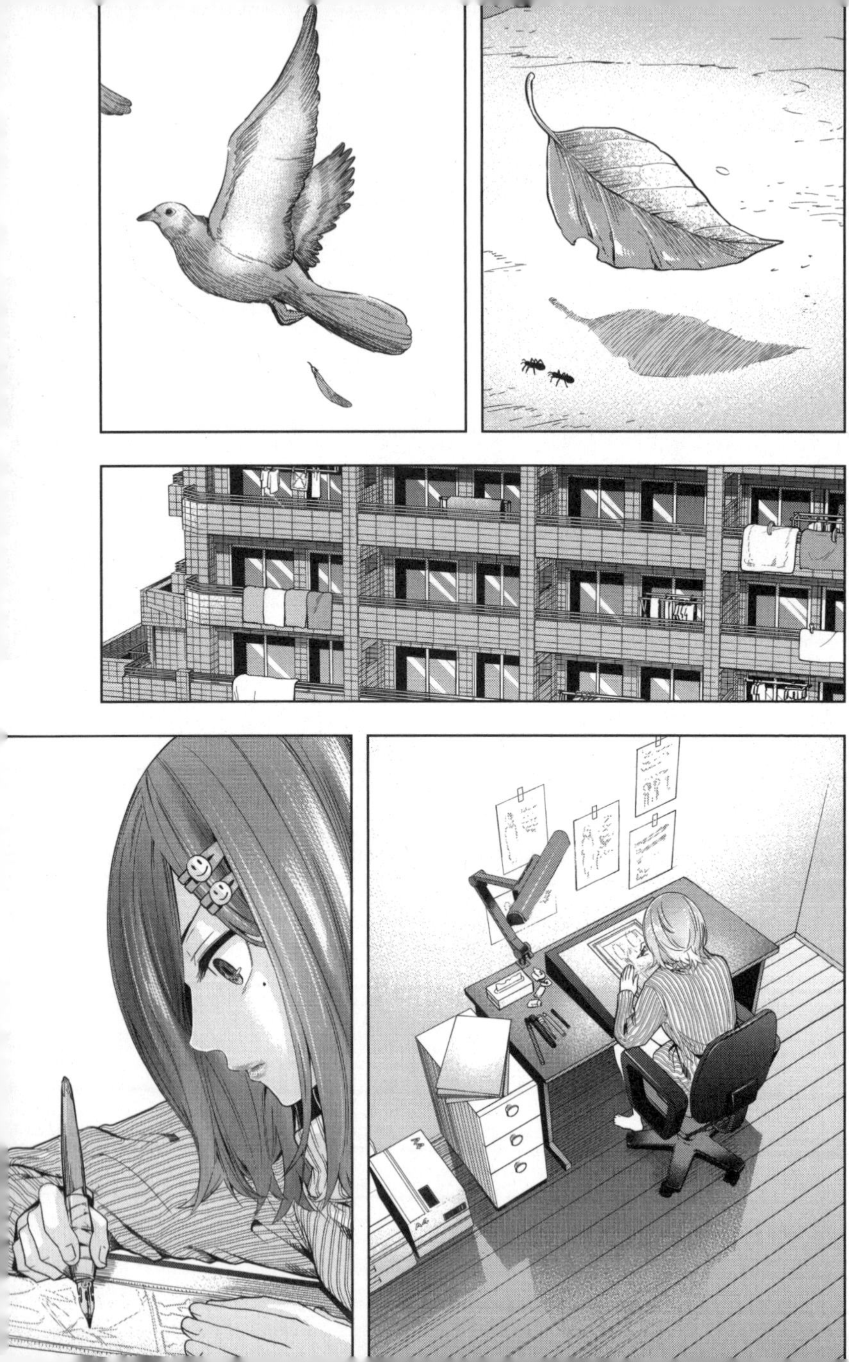

12:41 PM 02
12:41 PM 02
Gut.
Jetzt wird gezeich-net!

MIRAI

12:41 PM 02
13 Writer
KRITZEL
KRITZEL
KRITZEL
KRITZEL
KRITZEL
KRITZEL
KRITZEL
KRITZEL
KRITZEL
12:41 02
KRITZEL
KRITZEL
KRITZEL
KRITZEL

Du willst also, dass ich die Zeit anhalte, aber du allein noch vollen Handlungsraum hast?
Und währenddessen willst du etwas zeichnen, das Itsuki Ainos Manga übertreffen soll?
Ja!
Weißt du, was das bedeutet?
Du darfst dabei keine mittelmäßige Qualität abliefern!
Itsuki Aino will einen Manga erschaffen, den alle Menschen lieben.
Kannst du auch so etwas zeichnen?
Und ist dir klar, dass du möglicherweise ewig mit angehaltener Zeit leben musst?

Ich habe beschlossen, alles ab Kapitel 46 neu zu zeichnen.
Ich konnte mich schon einmal nicht durchsetzen...
... und ihr bei Weitem nicht das Wasser reichen. Dabei habe ich alles gegeben!
Aber vielleicht...
... schaffe ich es diesmal mit unendlich viel Zeit.

Die Zeit wurde für alles andere um mich herum gestoppt. Nur für mich nicht...
Ich kann ganz normal agieren, wie ich will.
Wie funktioniert das?
Ich kann Gegenstände bewegen, aber wenn ich sie loslasse...
... sind sie wie eingefroren.
...
TICK TICK TICK
Zumindest damit...
... kann ich sehen, wie viel Zeit vergangen ist.

Merkwürdigerweise werde ich überhaupt nicht hungrig oder durstig...
... und auch nicht müde.
Eigentlich müssten alle meine Aktivitäten Energie verbrauchen, aber das passiert nicht.
Das kommt mir jedenfalls sehr gelegen!
So kann ich mich voll und ganz dem Manga widmen.

* Japanische Strichliste. Das Zeichen 正 wird aus fünf Strichen geformt.

Nach 796 Tagen...
... habe ich »White Knight« mit dem Entwurf des 194. Kapitels abgeschlossen.
...
Ich habe alles immer wieder neu gezeichnet und die Serie beendet... aber es reicht bei Weitem nicht!
Es fühlt sich an, als würde ich mit meinen Fähigkeiten an eine Grenze stoßen. Ich brauche einfach mehr Input...
... um besser zu werden.
Ich habe ja alle Zeit der Welt!

MANGA
3F CAFÉ
Tag
1.081
BEZIRKSBIBLIOTHEK
Tag
1.530
NR. 300-450, NATUR
HISTORISCHE PERSÖNLICHKEITEN 10
HISTORISCHE PERSÖNLICHKEITEN 4
HISTORISCHE PERSÖNLICHKEITEN 2
GESCHICHTE JAPANS 1
WELT- UND MENSCHHEITSGESCHICHTE
WESTLICHE GESCHICHTE
ALCHEMIE

Tag 2.411
Geschafft! Das ist es!
»White Knight«
Das ist die ultimative Version von »White Knight«! Besser geht es nicht!

Ich schaffe es!
Damit komme ich sicher gegen »Anima« an!

Berühre mich, wenn du bereit bist! Dann werde ich die Zeit wieder in Bewegung setzen.
MIRAI
Meine Kraft wird verschwinden, Wunder wird es also nicht noch einmal geben! Du hast nur diese eine Chance.
Überlege dir gut, was du tust!
Ist das wirklich die bestmögliche Version von »White Knight«?
Kann ich noch irgendwas besser machen?
»Du könntest dabei deinen Verstand verlieren!«
Nein, das ist sie…
BANG
… noch nicht.

Nach 3.175 Tagen...
... bin ich nun mit der 5. Fassung von »White Knight« fertig.
...
Okay...
Noch mal.
Ich werde etwas zeichnen...
... das sogar »White Knight« übertrifft.

Tag 12.472
Ich habe den 18. Manga vollendet, der komplett von mir stammt.
MÜLL
Oh! Sie ist stehen geblieben.
Ich habe keine Batterien mehr.
Die haben aber lange gehalten!
Wenn ich so drüber nachdenke...
... hat mir die Uhr echt geholfen.
Aber...
... jetzt brauche ich sie nicht mehr.

Ob tausend Tage vergehen oder tausend Jahre...
... ich werde nie zusammenbrechen!
Bis jetzt gab es nie etwas...
... das ich mit meinen Zeichnungen ausdrücken...
... und den Lesern da draußen mitteilen konnte.

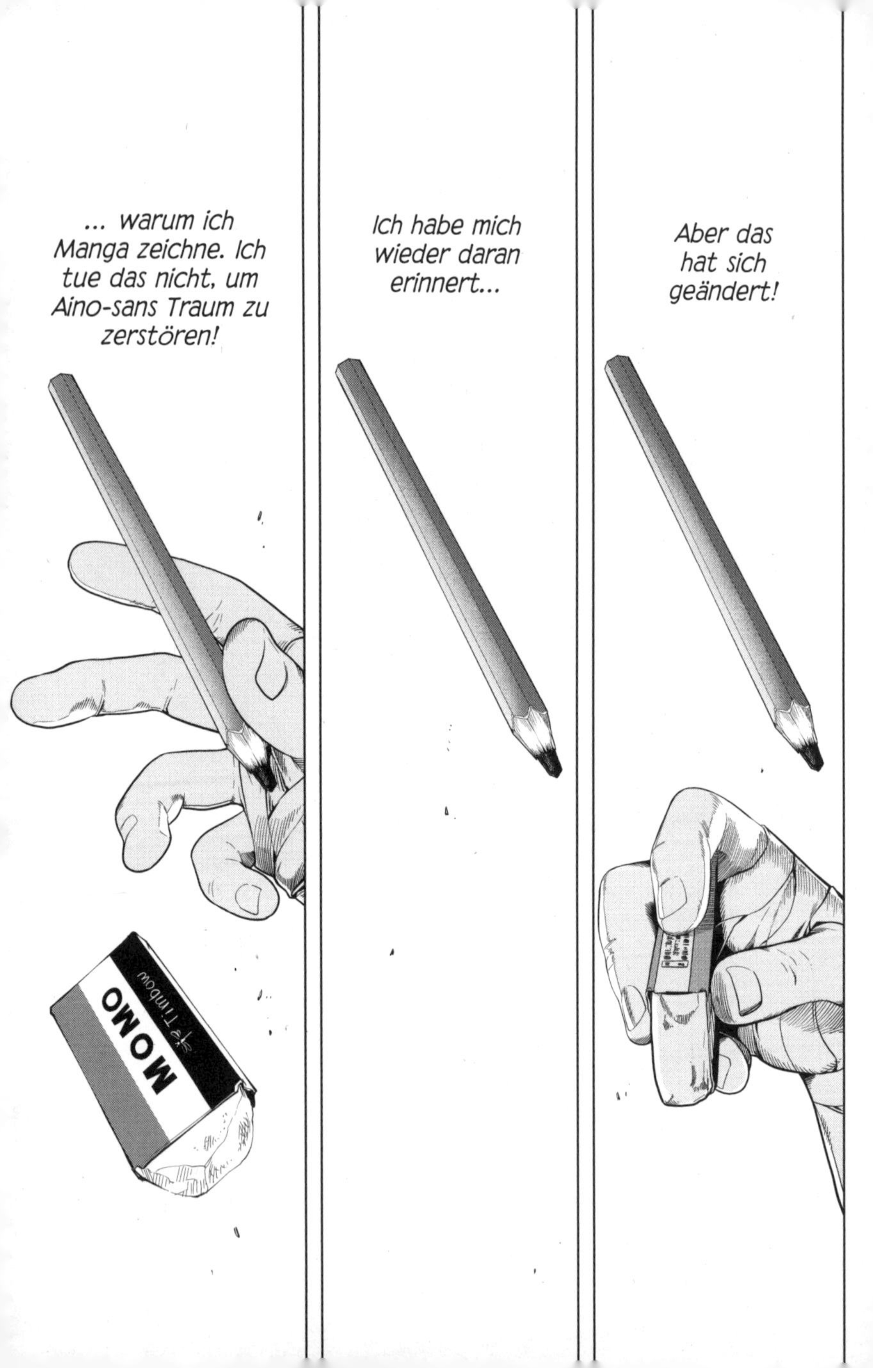
Aber das hat sich geändert!
Ich habe mich wieder daran erinnert...
... warum ich Manga zeichne. Ich tue das nicht, um Aino-sans Traum zu zerstören!
MOMO
Tombow

Es gibt da etwas...

... das ich an-deren mit meinen Manga unbedingt mitteilen will!

Puuh!

Letztes Kapitel: Damals
TAPP

WUUUUSCH
KLIRR
Aah!!
FLAPP
WRRMMMM
?
?

TSCHILP
TSCHILP
Ich hab's geschafft.
SSST
KRIEK
BATTAMM

15:41
Aino-san
wird angerufen
BWMMM
Die gewählte Rufnummer ist im Moment nicht erreichbar…
… da der Teilnehmer keinen Empfang hat oder sein Handy ausgeschaltet ist.
BIEP
TAPP
DING DONG

!
VOICE CHANG
HELLIGKEI
ÖFFNEN
LAUTSTÄRKE
F
GEGENSPRECHANLAGE
KAMERA
BEENDEN
Hallo?
W... Was ist denn, Sasaki-sensei?
Aino-san...
Ich hab ein paar Entwürfe, die ich dir zeigen will!
...?!
Sorry...
Ich hab grad viel zu tun.
Okay. Dann leg ich sie einfach vor die Tür.
Aber guck sie dir bitte an!
W... Warum denn?
Warum willst du, dass ich ...

Mit diesem Manga...
... kann ich gegen »Anima« gewinnen.
?!
TAPP
Bis dann!
...
KLACK

!
So viel...
Eine neue Serie?
Wie viele Kapitel sind das?

ZUCK
DING DONG
DING DONG
DING DONG
DING DONG
DING DONG

KLACK
A... Aino-san?!
HAAAH
HAAAH
SASAKI-SENSEI...
WAS... IST DAS?
WAS IST DAS BLOSS...
... FÜR EIN MANGA?!

Der ist ja absolut großartig!
Das ist der Manga, an dem sich wirklich alle Menschen erfreuen können!!

Wann hast du den gezeichnet?!
Sag bloß, während du mit »White Knight« alle Hände voll zu tun hattest?!
Äh... Na ja...
Ah!
War »White Knight« deswegen nicht mehr so gut wie früher?
Sasaki-sensei! Du bist ja echt ein Schlingel!
Ääh...
Gegen so ein Meisterwerk...
...
... kann ich nicht ankommen.
Ich wollte schon immer so einen Manga zeichnen.
Aber jetzt gebe ich auf!
Du gibst auf?
Du meinst... das Manga-zeichnen?
...

Ich habe immer davon geträumt, einen Manga zu zeichnen, den wirklich jeder liebt.
Es wäre so schön gewesen, etwas zu erschaffen, das allen gefällt.
Aber ich hatte auch Angst...
... dass es irgendjemandem nicht gefallen könnte.
Doch...
... das war nicht der einzige Grund...
... warum ich Manga gezeichnet habe.

Ich liebe es einfach, zu zeichnen...
... und mir Geschichten auszudenken!
Wenn ich zeichne, dann bin ich glücklich!
Ich habe mit der Zeit vergessen...
... was mir das eigentlich bedeutet.
Ich glaube, als ich noch ein Kind war, zählte für mich einfach nur die Freude am Zeichnen.
Nachdem ich deinen Manga vorhin...
... gelesen hatte, kam ich komischerweise...
... wieder darauf.
Auf dieses Gefühl der Freude, wenn ich nur für mich zeichne.

Darum will ich ab jetzt so wie frü-her...
... vor allem Spaß am Zeichnen haben!
Oh, das freut mich!
Ich hab den Manga nämlich nur für dich gezeichnet, Aino-san.
Hä?
Nur für mich?
Schön, dass seine Message bei dir angekom-men ist!
Aber das ist nicht gerade ein Manga, den wirklich alle mögen würden, oder?
Wie meinst du das?

Ich habe dich dafür respektiert, dass du deinen Traum verfolgst...
... aber man kann keinen Manga zeichnen, an dem wirklich alle ihre Freude haben.
Und das ist auch völlig okay!
Wenn man etwas zeichnet, das einem selbst Freude macht, kann einen das sehr glücklich machen.
Und wenn der eigene Manga auch nur bei einer einzigen Person gut ankommt...
... die ähnlich fühlt wie man selbst...
... kann man sich ebenso glücklich schätzen!

Da könntest du recht haben.
Nein, du hast wirklich recht!
Ich fühle mich, als wäre eine Riesenlast von meinen Schultern gefallen.
Ich kann vielleicht nicht so was Tolles zeichnen wie du...
... aber ich will wenigstens so nah wie möglich rankommen!
Hast du irgendein Geheimnis?!
Hä?!
Äh... Ähm... Ja, hab ich! Gesund essen und gut schlafen!
In meinem Manga geht es auch darum!
Hmm... Wo stand denn das?
Äääh...

Ich mach nur Spaß!
Aber das klang nicht gerade überzeugend, Sasaki-sensei!
He-he-he...
Ich arbeite dran.

Zehn Jahre später
Ende des
2. Bandes, »Writer«

Bonus: Manga-Power

2020 erschienen in der Doppelausgabe 36/37 des Shonen-Jump-Magazins

Bonuskapitel: Bis zum Irgendwann

Mann, das ist echt megaklasse!
Kaum wurde »Anima« beendet, hast du eine neue Serie angefangen...
... die wieder ein Riesenerfolg ist! Das wird unser neues Aushängeschild!
Es gibt niemanden, der so talentiert ist wie du!
Ach, kommen Sie schon, Muneoka-san!
Dass Sie mir immer so schmeicheln müssen! Das ist mir ein bisschen unangenehm.
Itsuki Aino (29)

Wie sehen die Umfragewerte von letzter Woche aus?
Du bist natürlich auf Platz 1!
Ähm...
Und Sasaki-sensei?
Ah... Der ist... äh... Der ist...
GONG
... auf dem letzten Platz.
KRATZ
Schon wieder?
Sasaki-sensei begann ...
... nach seinem Megahit »White Knight«...

... mit der Arbeit an seiner neuen Serie »God Marger«.
Ein seltsamer Manga, der mit seinem experimentellen Inhalt alle Regeln der Erzählkunst über Bord warf. Er konnte keinem bestimmten Genre zugeordnet werden und hat die Leserschaft ziemlich verwirrt.
Da er zu kompliziert war, hatte er keinen Erfolg. Er wurde nach nur drei Monaten abgebrochen.
Danach startete er »Zone 300«, einen Slice-of-Life- und Sci-Fi-Manga.
Wie sein Vorgänger konnte er mit seinem innovativen Setting und der Story nur eine bestimmte Fanbase ansprechen. Der Manga läuft seit einem Jahr ...
... aber steht auch auf der Abschussliste.
Warum zeichnest du jetzt immer nur so komische Manga?!
Na ja… Ich dachte, die wären interessant!
Dann kannst du doch ebenso den Manga rausbringen, den du mir gezeigt hast!

Nein. Du hast ihn gelesen, und das reicht schon.
Na gut, Hauptsache du hast deinen Spaß daran.
Dir scheint's gut zu gehen. Da bin ich echt froh! Durch deine Arbeit kommt richtig rüber, wie viel Spaß du am Zeichnen hast.
Ach ja, da fällt mir ein... Sorry, das klingt jetzt vielleicht komisch...
Neulich stand eine Tasche vor meiner Wohnungstür. Ich hab die nie zuvor gesehen, also hab ich sie zur Polizei gebracht.
Hast du sie da abgelegt?
Was? Nein!
Ah... Ähm... Ich dachte nur...
... dass du das vielleicht warst, weil du auch deine Entwürfe vor meine Tür gelegt hast.
Vergiss es einfach!
Aino-sensei! Kannst du bitte hier die Charaktere reinzeichnen?
Ah, okay!
Ich muss auflegen, bis dann!

In der Tasche war...
... haufenweise Bargeld.
?!!
Die Polizei meinte, dass der Eigentümer noch nicht aufgetaucht sei.
Warum bei mir?
Wenn sich wegen des Geldes niemand mehr meldet und die Aufbewahrungszeit abgelaufen ist, kann ich es anscheinend für mich beanspruchen.
Ich hoffe, der Eigentümer meldet sich bald!
KRITZEL
KRITZEL
KRITZEL
KRITZEL
KRITZEL
Ich frag mich, wer es ist?
KRITZEL
KRITZEL

KRITZEL
KRITZEL
KRITZEL
KRITZEL
Teppei Sasaki (37)
Er hat seine dritte Serie, »Zone 300«...
... be-
endet.
Vielen Dank an alle Leserinnen und Leser, die dabei waren! Ihr könnt schon auf Sasaki-senseis neuen Manga gespannt sein!

Hey, da sind wir!
Krass, hier hat sich ja gar nichts verändert!
Genki Akaishi (31) Arbeitet an »Postman!«, seiner zweiten Serie für die Jump
Hajime Igarashi (35) Bereitet sich auf seinen nächsten Jump-Manga, »Bullet of Troy«, vor
Ihr euch auch nicht! Munter wie immer!
Schön, dass es dir auch gut geht.
Boah! Ist das dein Entwurf für die neue Serie?!
Darf ich mal gucken?!
Klar! Schau ruhig rein!
Tust du doch schon.

DER MANGA HAT JA SCHON WIEDER SO EIN WEIRDES SETTING!
Originell!
Aber geht das klar?!
Ich hab gehört, dass man in der Jump keine Serie mehr bekommt, wenn drei abgebrochen wurden!
Das könnte also deine allerletzte Chance sein!!
Na ja, Muneoka-san hat da was anderes gesagt...
Nein, nein! So eine Regel haben wir nicht.
Wir legen vor allem Wert darauf, dass sich Newcomer bei uns weiterentwickeln können!
Wenn ein Profi und ein Newcomer etwas abliefern, das sich auf dem gleichen Niveau befindet...
... hat eher der Newcomer den Vorrang. Aber dadurch werden die Hürden für ihn später auch größer...
... meinte er.
A... Ach ja?!
Echt?

Hey, was ist los?
Hm? Die Wäsche muss rein, weil es regnen wird?
Jep, okay!
TIPP
Itsuki
Sorry, ich muss jetzt nach Hause!
Wir drücken dir die Daumen, dass deine neue Serie abgeschlossen wird!
Danke! Aber die wird bestimmt wieder abgesetzt.
Denk einfach dran, dass das deine letzte Chance sein könnte, also gib Vollgas, Sasaki-sensei!
Viel Erfolg!

KRITZEL
KRITZEL
KRITZEL
KRITZEL
KRITZEL
KRITZEL
Einige Monate später bekam Teppei Sasaki grünes Licht...
Noch fünf Minut
Der Stern wird von innen nach außen umgestülpt!
?!
... für seine neue Serie »Star of Moebius«.

Dank deiner Hilfe...
... kann wieder eine neue Serie erscheinen.
Oh! Glückwunsch!
Gut gemacht, Teppei!
Gonbee Nanashiro (42) Heißt eigentlich Reiko Momozono. Mangaka von »Vitamin-Man«.
Und jetzt zeichnest du wieder so was Komisches?
Ja!
...

Teppei...
Ist alles okay bei dir?
Hm?
Du...
... legst viel zu großen Wert darauf, etwas erschaffen zu wollen, das es vorher so noch nie gab.
Gut, in gewisser Weise wollen das ja alle Mangaka.
Eine Geschichte wird erst interessant, wenn sie die Erwartungen der Leser übertrifft.
Aber bei deinen letzten Manga hatte ich das Gefühl, dass du in der Erzählstruktur viel zu verbissen vorgehst...
... um deine Leserschaft zu überraschen.

Ich dachte, dass solche klassischen Shonen Manga wie »White Knight« genau dein Ding wären!
Warum zeichnest du jetzt plötzlich diese ausgeflippten Sachen?
Zeichnest du überhaupt noch das, was du wirklich zeichnen willst?
Ich weiß, dir kann man...
... nichts vormachen.
Aber mach dir keine Sorgen!
Ich hab mir mal die Zeit genommen, all die Manga und Romane, die es da draußen gibt, anzuschauen und zu studieren...
... und wollte danach einfach Geschichten schreiben, die auch für mich vollkommen neuartig sind.

Ich weiß, dass das, was ich vorhabe, schwierig ist.
Aber ich glaube, ich könnte dies-mal wirklich den allerbes-ten Manga überhaupt zeichnen!
Ach so?
Na, dann ist ja alles gut!
Aber danke, dass du dir Gedanken machst!
Hehe... Ehrlich gesagt hab ich mir gar nicht groß Gedanken gemacht.
Hm? Worum geht's dir dann?

Es war damals für dich sehr hart, als du an »White Knight« gearbeitet hast.
Aber jetzt scheinst du mehr Freude an der Arbeit zu haben!
Also zieh einfach das durch, was dir selbst am besten gefällt!
Ja! Mach ich! Vielen Dank!
Ich werde mein Allerbestes geben!

Sasaki-senseis »Star of Moebius« startete...
... und übertraf in seiner Originalität alle anderen Manga, die zuvor erschienen waren.
Und dann...
少年
WEEKLY JUMP
週刊

... endete er nach nur sieben Wochen.
Verstehe.
Danke für die gute Zusammenarbeit!
Jiro Yamane (47) Profi-Assistent

Das ging schon wieder schnell. Tut mir echt leid!
Kein Pro-blem!
Wir machen einfach weiter!
Hmm... Ich weiß nicht, ob mich die Jump-Redaktion noch einen Manga machen lässt.
Hahaha! Jetzt bloß nicht Trübsal blasen!
Das können wir immer noch machen, wenn uns alle Manga-Magazine dieser Welt den Rücken gekehrt haben!
Ich liebe die Zusammen-arbeit mit dir! Ich werde dir immer folgen, egal wohin!
Sag auf jeden Fall Bescheid, wenn wieder was ansteht!
Danke, Yamane-san.
Es freut mich so sehr, das zu hören!

Der Verlag Shuei-sha
FLUPP
Oh!
Nanu? Hast du gleich ein Meeting?
Kikuse Teppeis früherer Ansprechpartner in der Redaktion
Ja!
Lange nicht gesehen...

Und?
Wie fühlt es sich an, dass schon drei deiner Serien abgesägt wurden?
Feinfühlig wie eh und je!
Bemerkenswert.
...
...
Ach, »White Knight« war echt klasse, aber der hätte auch von jedem anderen Mangaka stammen können.
Darum wurde er auch von allen so gut aufgenommen!
Ich weiß nicht ganz, was Sie meinen.

Aber die letzten drei deiner Manga waren 100 % dein Werk!
Deshalb haben die mir gefallen.
...!
Dann mal ran an die Arbeit für deine neue Serie!
Wenn die nicht ins Magazin kommt, kann ich sie ja nicht lesen.
Vielen Dank!
Jaja.

Auch wenn ...
... es egoistisch klingt...
Ich wünschte, Teppei Sasaki würde wieder einen Manga zeichnen, der wie »White Knight« ist.
Aber vielleicht will er...
KNACK

KRACK
STECH
HUST
KEUCH

Ich habe viele Jahre unbeschadet in diesem Zeitverlauf verbracht.
Aber so einfach komme ich nicht davon.
Jetzt kommt das, was mir irgendwann sowieso hätte passieren müssen.
Da muss ich wohl durch.
Aber...

... ich will zumindest noch diesen einen Entwurf...
... nein, nur diese eine Seite...
... nur dieses eine Panel zeichnen!
Aber vielleicht will er...
... einfach nur das zeichnen, was er will.

In dem Fall wünsche ich mir...
... dass er immer das zeichnen kann, was ihm wirklich gefällt!

Das hast du gut gemacht.
Dank dir wurde ein Zeitverlauf geschaffen, in dem Itsuki-chan nicht sterben muss.
Danke!
Mein Sohn hat anscheinend einige Frechheiten gesagt.
Du warst weder ein »Widersacher« noch ein »Held«!

Du warst einfach die Hauptfigur deiner eigenen Geschichte.
Teppei Sasaki. Nicht mehr und nicht weniger.
Aber du darfst jetzt nicht sterben! Das passt nicht in meine eigene Geschichte.
Diese Rolle übernehme ich!
Setze deine Geschichte...
... also bitte fort!

WUPP
HAAH
HAAH
Es war nur...
... ein Traum...
Aber ob es nun heute passiert oder erst in ein paar Jahr-zehnten...
Die Zeit wird sicher irgendwann kommen.

Ich hoffe ...

... ich kann bis dahin noch ...

SHUEISHA